EL AÑO 1952

Qué sucedió. Cómo se vestía.
Cuánto valían las cosas. Qué se inventó.
Cómo eran los anuncios. Quiénes eran los famosos
y otras curiosidades de "TU AÑO".

acv ediciones

La colección **"El año que tú naciste"** incorpora nuevas informaciones, imágenes y datos para ampliar su contenido en próximas reediciones. Se agradecerá cualquier aportación, que será considerada para ser incluida.

Pueden dirigir sus aportaciones a:
ACV ediciones
Pg. de Gràcia, 24, pral. 08007 Barcelona.
Tel. (+34) 93 304 29 80 Fax: (+34) 93 304 29 81
e-mail: info@acvglobal.com www.acvediciones.com

Los anuncios son también una referencia en el tiempo. Agradecemos especialmente a las empresas con una importante presencia desde hace muchos años en nuestro entorno, habernos facilitado la reproducción de sus anuncios de cada época.

Colección **"El año que tú naciste"**: desde 1920 hasta 1999
Forma parte de la marca ANY YEAR COLLECTION ®
www.anyyear.com

ANY YEAR® incluye otros títulos referidos a personajes célebres y ediciones a medida para empresas.

Dirección del proyecto: Rosa Collado
Concepción, documentación y diseño gráfico: ACV

1ª edición: 1996
8ª edición: 2008

Año 1952
ISBN-13: 978-84-88907-89-9
ISBN-10: 84-88907-89-3
Depósito legal: B-18677-2008
Impreso en papel ecológico

Índice

TRUMAN CONTRA EL GOBIERNO ESPAÑOL

7 de febrero

El presidente de Estados Unidos, Harry S. Truman, formula unas declaraciones en la prensa contra la intolerancia del Gobierno español en materia de religión y de expansión.

PRUEBA ATÓMICA EN DIRECTO

23 de abril

La televisión norteamericana ha transmitido hoy en directo, desde Nevada, la explosión de la bomba atómica más poderosa experimentada hasta ahora. Los norteamericanos han podido contemplar la experiencia desde un lugar privilegiado: las butacas de sus salas de estar. Desde hace un tiempo, la explosión de bombas atómicas se ha convertido en un espectáculo habitual de la televisión en Estados Unidos; cada una de las bombas experimentadas resulta mucho más poderosa que la anterior.

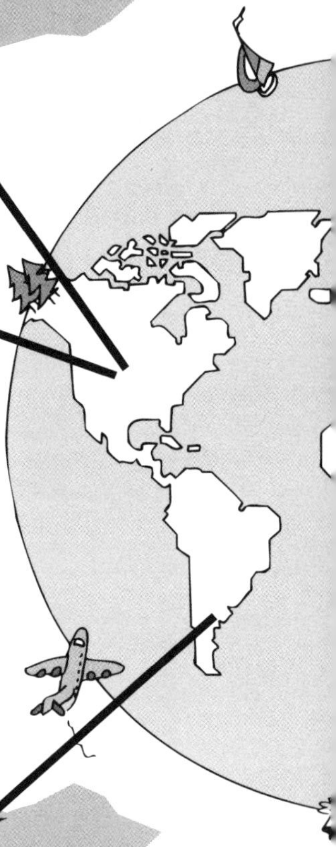

ARGENTINA LLORA POR EVITA

27 de julio

Más de 700.000 personas han desfilado ya ante los restos mortales de Eva Perón, vestida con un traje blanco de noche y expuesta en la capilla ardiente instalada en el Ministerio de Trabajo de Buenos Aires. Evita –como la llamaban las clases populares de Argentina– ha fallecido víctima de una leucemia a los 33 años.

MUNDO

1952

JAPÓN-EE.UU.: LA PAZ ENTRA EN VIGOR

28 de abril

El tratado de paz firmado el 8 de septiembre pasado por Japón y Estados Unidos ha entrado en vigor y Tokio es ahora una ciudad en fiesta. Una de las primeras consecuencias del tratado consiste en que al menos 200.000 oficiales japoneses, acusados de crímenes de guerra, quedarán en libertad. Al mismo tiempo, las tropas norteamericanas cambian su estatuto de ejército de ocupación por el de "fuerzas de protección". La Unión Soviética ha dirigido una enérgica protesta contra el tratado.

GRECIA: MUJERES CON DERECHO DE VOTO

29 de mayo

Las mujeres griegas obtienen el derecho de voto.

HUSSEIN, NUEVO REY DE JORDANIA

11 de agosto

El Parlamento jordano acaba de deponer al rey Talal y ha designado a su hijo Hussein, de 16 años, nuevo monarca. Mientras dure la minoría de edad del nuevo rey, el poder estará en manos de un Consejo de Regencia presidido por Cherif Nasser Ben Djemil, tío materno de Hussein.

CONSUMO DE CARNE EN ESPAÑA

El consumo de carne por habitante y año no pasa de 20 kg.

XXXV CONGRESO EUCARÍSTICO INTERNACIONAL

27 de mayo

Barcelona se convierte estos días en centro universal del mundo católico con la celebración del XXXV Congreso Eucarístico Internacional, el primero que se celebra desde el final de la II Guerra Mundial.

FIN DEL RACIONAMIENTO DEL PAN

22 de marzo

El Gobierno ha anunciado que, a partir del próximo 1 de abril, se suprimirá el racionamiento del pan gracias al buen momento del campo español y a la ayuda internacional. Además, este mismo mes se podrá vender y comprar libremente aceite y carne.

MULTAS POR FUMAR

12 de noviembre

En varias ciudades entra en vigor la orden por la que se imponen multas de 5 pesetas a las personas que fumen en los transportes públicos.

NACIONALIZACIÓN DE LA COMPAÑÍA TELEFÓNICA

4 de julio

RENFE

24 de abril

Llega a España el primer automotor italiano (TAF) adquirido por Renfe.

INAUGURACIÓN DE LA FACTORÍA SEAT

6 de junio

DIARIO ILUSTRADO DE INFORMACION GENERAL 70 CENTIMOS

ABC

DIARIO ILUSTRADO DE INFORMACION GENERAL

FUNDADO EN 1905 POR D. TORCUATO LUCA DE TENA

...n un reñido com...
...l día 16 del actu...
...neral. En la fot...
...dicho combate.

la CODORNIZ

¡...A ESTAN AQUI!
...RESURASE A COMPRAR ...TE NÚMERO, PUES EN ... INTERIOR PODRÁ VER
"EL PEPE ...E BARRO"
...E CONCEDEREMOS ...E AÑO A LA PEOR ...CULA ESTRENADA, Y
...A CODORNIZ ...E PLATA"
...UE OTORGAREMOS ...A PERSONA QUE ...S HIZO REIR EN ...CURSO DE 1952
...TE USTED EN ...AS ELECCIONES!

LA VANGUARDIA ESPAÑOLA

BARCELONA

Eva Duarte de Perón, mujer insigne de nuestra época

JJ.OO. DE INVIERNO EN OSLO

14 de febrero

La competición olímpica invernal, que se inaugura en la ciudad de Oslo, da lugar al retorno de Alemania a los Juegos. Participan 30 naciones y 732 atletas.

XV JUEGOS OLÍMPICOS DE VERANO EN HELSINKI

3 de agosto

Helsinki se despide de los XV Juegos Olímpicos, a los que acogía desde el 19 de julio, con el retorno de los deportistas rusos –ahora soviéticos– ausentes desde hacía casi medio siglo. Han participado 69 países y 4.925 atletas, que han tomado parte en 149 competiciones de 18 deportes. La medalla de plata en tiro (pistola libre: 50 m) ha sido para Á. León (España).

24 de junio

Se celebra en Ginebra el primer encuentro de baloncesto entre Suiza y España, con victoria española por 46-26.

Viladomat y Nuria Espinalt ganan las pruebas de los campeonatos nacionales de esquí, celebrados en Navacerrada.

Ciclismo

Fausto Coppi vence en el Tour de Francia

29 de junio

Werner Lueg establece en Berlín el nuevo récord mundial de los 1.500 m en 3 minutos y 43 segundos.

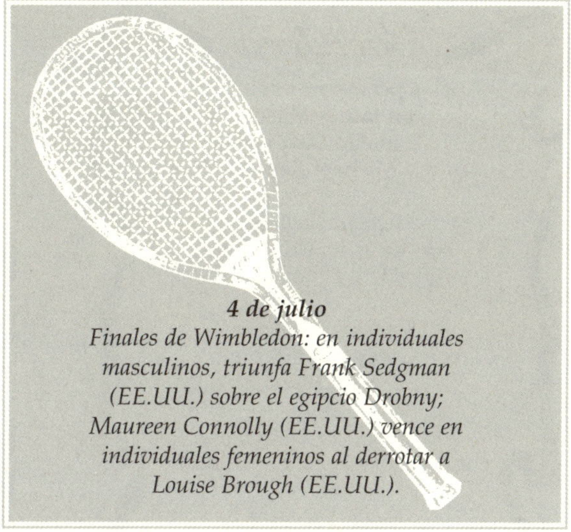

4 de julio
Finales de Wimbledon: en individuales masculinos, triunfa Frank Sedgman (EE.UU.) sobre el egipcio Drobny; Maureen Connolly (EE.UU.) vence en individuales femeninos al derrotar a Louise Brough (EE.UU.).

FÚTBOL

13 de abril
El FC Barcelona se ha proclamado campeón de Liga y ha conseguido la Copa del Generalísimo al vencer ante el Valencia por 4-2.

•

7 de diciembre
Con debut de Pedro Escartín como seleccionador, España es derrotada por Argentina (0-1) en un encuentro amistoso jugado en el estadio de Chamartín, de Madrid.

LLOYD LP 300: EL GRAN ENANO
La fábrica británica de automóviles Lloyd acaba de lanzar al mercado un utilitario que, con un motor de sólo 300 cm^3, puede conseguir una velocidad media de 70 km/h.

Cartelera

Operación Cicerón
con James Mason,
Danielle Darrieux
y Michael Rennie

•

El signo del renegado
con Ricardo Montalbán
y Cid Charisse

•

Senderos de guerra
con George Montgomery
y Brenda Marshall

•

El mundo en sus manos
con Gregory Peck y Ann Blyth

•

Lola la Piconera
con Juanita Reina

•

Viva Zapata
con Marlon Brando

Este mismo año nace...

CHRISTOPHER REEVE

Actor nacido en Nueva York.

Premios Oscar

entregados este año

Mejor película
UN AMERICANO EN PARÍS

Mejor director
George Stevens
UN LUGAR EN EL SOL

Mejor actor
Humphrey Bogart
LA REINA DE ÁFRICA

Mejor actriz
Vivien Leigh
UN TRANVÍA LLAMADO DESEO

ANUNCIO
1952

PROGRAMACIÓN DE RADIO

9.00 h	Retransmisión desde la iglesia de los Dominicos. Santo Rosario para el hogar y para los enfermos.
10.00 h	Retransmisión desde la iglesia del Sagrado Corazón. Santa Misa para enfermos e imposibilitados.
10.30 h	La voz de la cruzada.
10.45 h	Programa de orientación religiosa a cargo del Rvdo. Padre Venancio Marcos.
11.30 h	Clase de francés a cargo del Instituto Francés.
13.25 h	Consultorio heráldico, por Ramón Piñol.
15.45 h	Recortes de prensa, por Antonio Losada.
16.15 h	Programa infantil.
17.00 h	Disco del radioyente.
23.00 h	Noticiario Filatélico.
23.05 h	Teatro del aire.

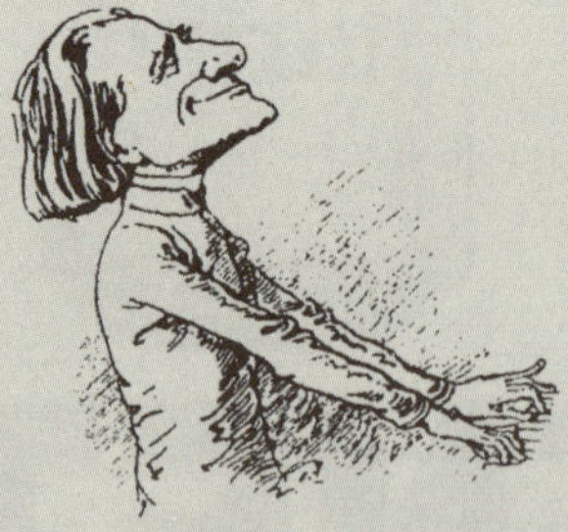

LEJIA CONEJO
Thor.
Fabricante: HIJO de S. CASAMITJANA MENSA
BARCELONA - BILBAO - ZARAGOZA

Enlaces

SALLY GRACIE — ROD STEIGER

Las planchas eléctricas van entrando en los hogares españoles de una manera desigual. Como sucede con todos los electrodomésticos, las restricciones energéticas de la posguerra retardan su definitiva implantación masiva. Pero las planchas son, sin duda, el primer electrodoméstico que se instala en todos los hogares, seguramente porque no es muy complejo ni muy caro, y poco a poco van sustituyendo a las antiguas planchas de carbón.

En estos años, los sacudidores y los zorros constituyen las armas principales para sacar el polvo de la casa, pero también se utilizan para infligir castigos corporales en casos de travesuras infantiles.

Si la ropa del niño es blanca como la nieve... lo debo a la pureza y a la suavidad de Libel.

Lava a fondo, sin dejar residuos y realzando la blancura de las prendas.

Lo uso para toda la ropa de casa. Ya lo usaba mi mamá, y estoy tan satisfecha como ella. Me resulta también ideal para el lavado de medias, sedas, y encajes. Y las ropitas del niño ¡tan destrozón! me duran más al lavarlas con Libel.

4 de septiembre
El Santo Oficio condena los concursos de belleza

Procedentes de París, Londres, Bruselas y otras ciudades europeas, han regresado don G. S. y esposa. Durante su estancia en dichas capitales, la señora ha visitado los principales centros de belleza, peluquerías, etc., estudiando sistemas para implantarlos en su salón de belleza "Corinto" de esta ciudad.

MORALIDAD EN PLAYAS Y PISCINAS

19 de septiembre

Se inaugura hoy, en Santander, el II Congreso Nacional de Moralidad en Playas y Piscinas, bajo la presidencia de los obispos de Santander y Sión. La falta de pudor y recato que se advierte en playas y piscinas preocupa a las personas bienpensantes, que opinan que la exposición pública del cuerpo puede alentar gravemente el pecado.

1 de junio

El Vaticano prohíbe a sus fieles la lectura de las obras del escritor y humanista francés André Gide y las incluye en el Índice de libros prohibidos *(Index Librorum Prohibitorum et Expurgatorum).*

Aparece "El viejo y el mar"

4 de septiembre

La publicación de *El viejo y el mar*, la tan esperada novela del escritor norteamericano Ernest Hemingway, se ha convertido en el acontecimiento literario del año. En su nueva obra, Hemingway recrea una vez más la lucha del hombre contra la naturaleza.

Tendencias

Aparece un fenómeno que democratiza la moda definitivamente, el *prêt à porter*, una confección creativa y cuidadosa que probablemeente acabará sobrepasando a la alta costura y que convierte en realidad una tendencia iniciada a principios de siglo: una moda única para todos. Predominio de la silueta recta y aceptación de la nueva línea trapecio en los confortables abrigos

"LECTURAS" ha subido una peseta

El esfuerzo editorial que ha representado el aumento de páginas y la nueva orientación de la revista para transformarla en una publicación moderna, con muchas nuevas secciones y un gran despliegue gráfico, ha obligado a "LECTURAS" a subir su precio de venta una peseta. Desde el mes de enero, cada ejemplar vale siete pesetas.

Nuevos fascículos coleccionables de "LECTURAS"

Además de los reportajes de actualidad, como el de la muerte del padre de la reina Isabel de Inglaterra (arriba), "LECTURAS" ofrece a sus lectores los fascículos coleccionables "Diccionario ortográfico" y "Un siglo de poesía romántica". A la izquierda número 333, correspondiente al mes de julio.

2 de octubre
Colonia. Se realizan pruebas, con resultado positivo, de un tren monorraíl.

EL MARCAPASOS AYUDA A SOBREVIVIR

El médico norteamericano Paul M. Zoll implanta, por primera vez, un marcapasos en un paciente de 72 años. El marcapasos es un aparato electrónico de pequeñas dimensiones, revestido de un material neutro que no es rechazado por los tejidos del paciente. El aparato funciona con pilas.

LEVER BUILDING, UN NUEVO TIPO DE RASCACIELOS

Finalizan en Nueva York los complicados trabajos de construcción del rascacielos Lever, dirigidos por el taller de arquitectura Skidmore, Owings and Merrill. Este rascacielos, de sólo 21 pisos, se ha convertido en un modelo para construir un gran número de edificios de este tipo en todo el mundo. Los arquitectos se alejan del concepto impuesto por el cliché de los grandes edificios y sitúan su obra sobre una base plana de grandes dimensiones y dos pisos de altura abiertos a una gran plaza.

AVIACIÓN

26 de agosto

Un avión a reacción británico consigue por primera vez hacer el vuelo de ida y vuelta sobre el Atlántico en un solo día.

•

20 de noviembre

Primer vuelo sobre el Polo Norte de un avión de pasajeros de línea regular, en el trayecto Los Ángeles-Copenhague.

Medicina y Salud

PRIMERA IMPLANTACIÓN DE CADERA

En la RFA se efectúa la primera implantación de una articulación de cadera artificial fabricada con plexiglás.

1952

Precios

1 periódico: 70 cts.
1 vajilla de 56 piezas: 279 ptas.
1 batería cocina de 13 piezas: 299 ptas.
1 cristalería de 62 piezas: 299 ptas.
1 plancha eléctrica: 37 ptas.
1 medias de nailon: 50 ptas.
1 abrigo de lana: 135 ptas.
1 máquina para picar carne: 93 ptas.
1 cuchillo cocina: 15 ptas.
1 chaquetón: 975 ptas.
1 abrigo *mouton*: 1.200 ptas.
1 calzoncillos: 25 ptas.
1 traje señor: 530 ptas.
1 impermeable plástico niño: 55 ptas.

Por 39,40 ptas. recibirá en su casa, cómodamente, contra reembolso y sin gastos:
1 lata de sardinas en aceite
1 lata de bonito en aceite
1 lata de filetes de anchoa
1 lata de calamares
1 lata de almejas al natural

Alquiler piso:
Piso ático, 4 habitaciones, baño.
600 ptas./mes.

Enero 1952

Lu	Ma	Mi	Ju	Vi	Sá	Do
	1	2	3	4	5	6
7	8	9	10	11	12	13
14	15	16	17	18	19	20
21	22	23	24	25	26	27
28	29	30	31			

Febrero 1952

Lu	Ma	Mi	Ju	Vi	Sá	Do
				1	2	3
4	5	6	7	8	9	10
11	12	13	14	15	16	17
18	19	20	21	22	23	24
25	26	27	28	29		

Marzo 1952

Lu	Ma	Mi	Ju	Vi	Sá	Do
					1	2
3	4	5	6	7	8	9
10	11	12	13	14	15	16
17	18	19	20	21	22	23
24	25	26	27	28	29	30
31						

Abril 1952

Lu	Ma	Mi	Ju	Vi	Sá	Do
	1	2	3	4	5	6
7	8	9	10	11	12	13
14	15	16	17	18	19	20
21	22	23	24	25	26	27
28	29	30				

Mayo 1952

Lu	Ma	Mi	Ju	Vi	Sá	Do
			1	2	3	4
5	6	7	8	9	10	11
12	13	14	15	16	17	18
19	20	21	22	23	24	25
26	27	28	29	30	31	

Junio 1952

Lu	Ma	Mi	Ju	Vi	Sá	Do
						1
2	3	4	5	6	7	8
9	10	11	12	13	14	15
16	17	18	19	20	21	22
23	24	25	26	27	28	29
30						

Julio 1952

Lu	Ma	Mi	Ju	Vi	Sá	Do
	1	2	3	4	5	6
7	8	9	10	11	12	13
14	15	16	17	18	19	20
21	22	23	24	25	26	27
28	29	30	31			

Agosto 1952

Lu	Ma	Mi	Ju	Vi	Sá	Do
				1	2	3
4	5	6	7	8	9	10
11	12	13	14	15	16	17
18	19	20	21	22	23	24
25	26	27	28	29	30	31

Septiembre 1952

Lu	Ma	Mi	Ju	Vi	Sá	Do
1	2	3	4	5	6	7
8	9	10	11	12	13	14
15	16	17	18	19	20	21
22	23	24	25	26	27	28
29	30					

Octubre 1952

Lu	Ma	Mi	Ju	Vi	Sá	Do
		1	2	3	4	5
6	7	8	9	10	11	12
13	14	15	16	17	18	19
20	21	22	23	24	25	26
27	28	29	30	31		

Noviembre 1952

Lu	Ma	Mi	Ju	Vi	Sá	Do
					1	2
3	4	5	6	7	8	9
10	11	12	13	14	15	16
17	18	19	20	21	22	23
24	25	26	27	28	29	30

Diciembre 1952

Lu	Ma	Mi	Ju	Vi	Sá	Do
1	2	3	4	5	6	7
8	9	10	11	12	13	14
15	16	17	18	19	20	21
22	23	24	25	26	27	28
29	30	31				

CIFRAS Y NOMBRES
1952

Líderes políticos internacionales

Alemania:	**T.Heuss (RFA) / Wilhelm Pieck (RDA)**
España:	**Francisco Franco**
EE.UU.:	**Harry S. Truman**
Francia:	**V. Auriol**
Gran Bretaña:	**Winston Churchill**
Italia:	**Alcide De Gasperi**
URSS:	**Joseph Stalin**
Japón:	**Yoshida Shigeru**
China:	**Mao Zedong**
El Vaticano:	**Pío XII**

Premios Nobel

Medicina:	**S. A. Waksman (EE.UU.)**
Física:	**F. Bloch (EE.UU.)/E. M. Purcell (EE.UU.)**
Literatura:	**F. Mauriac (Francia)**
Paz:	**A. Schweitzer (Francia)**
Química:	**A. J. P. Martin (GB)/R. L. M. Synge (GB)**

Población de España

Habitantes	Matrimonios	Nacimientos	Defunciones
28.658.474	**219.077**	Hombres **302.125**	Hombres **138.175**
		Mujeres **284.156**	Mujeres **134.482**

ALGUNOS NACIMIENTOS
1952

....

....

....

•

24 de abril
JEAN PAUL GAULTIER
modisto francés

•

8 de junio
ISABELLA ROSSELLINI
actriz y modelo italiana

21 de julio
ROBIN WILLIAMS
actor estadounidense

•

2 de septiembre
JIMMY CONNORS
tenista estadounidense

•

12 de septiembre
ALICIA KOPLOWITZ
empresaria madrileña

ALGUNAS DEFUNCIONES
1952

6 de mayo
MARIA MONTESSORI
pedagoga italiana (n. 1870)

•

18 de febrero
ENRIQUE JARDIEL PONCELA
novelista y dramaturgo madrileño
(n. 1901)

•

8 de mayo
WILLIAM FOX
productor de cine estadounidense
(n. 1879)

26 de mayo
AMADO ALONSO
filólogo navarro (n. 1896)

•

12 de octubre
EDUARDO CHICHARRO AGÜERA
pintor madrileño (n. 1873)

•

18 de noviembre
PAUL ÉLUARD
poeta francés (n. 1895)

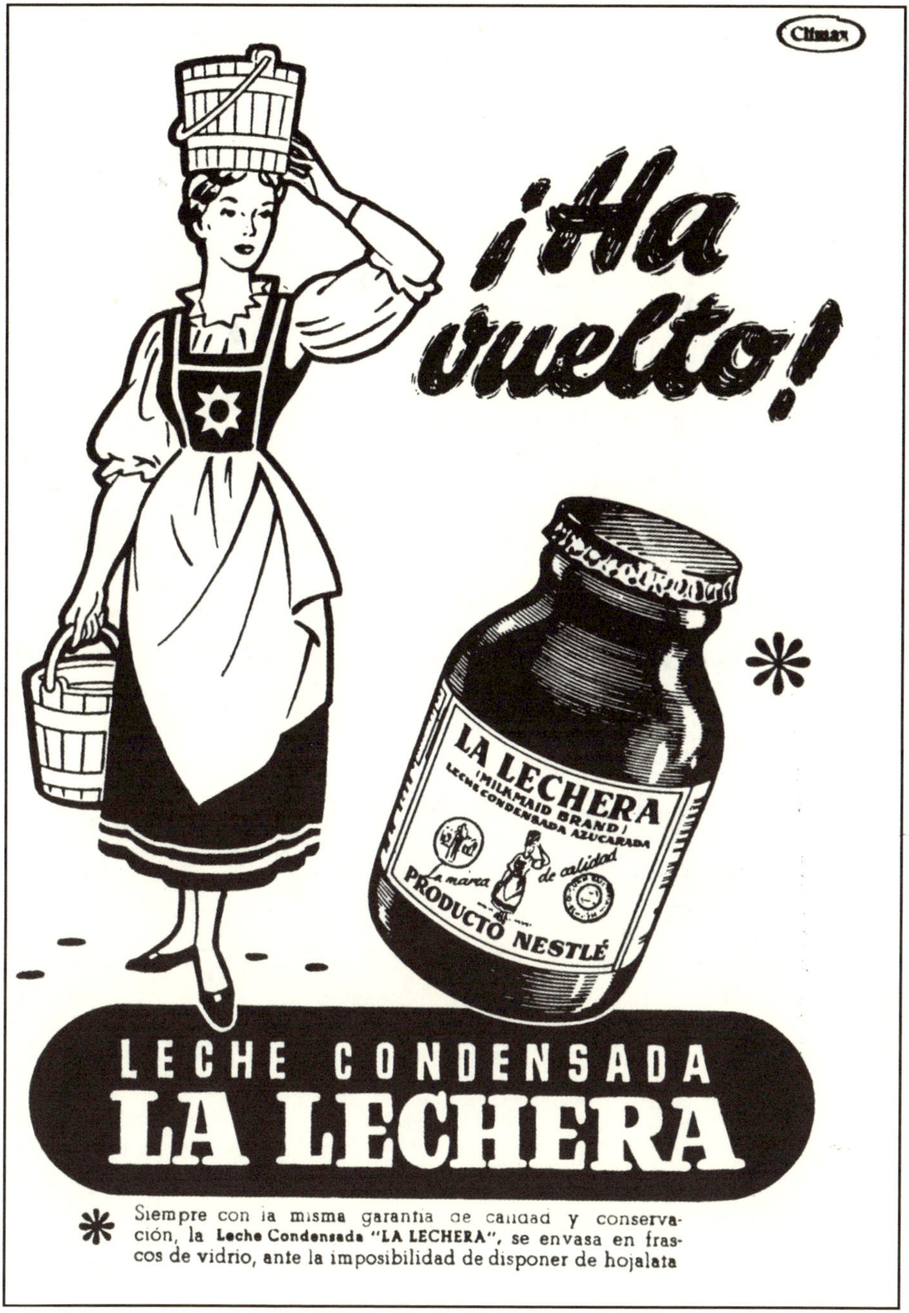
Climax
¡Ha vuelto!
LA LECHERA
(MILKMAID BRAND)
LECHE CONDENSADA AZUCARADA
La marca de calidad
PRODUCTO NESTLÉ
LECHE CONDENSADA
LA LECHERA
Siempre con la misma garantía de calidad y conservación, la Leche Condensada "LA LECHERA", se envasa en frascos de vidrio, ante la imposibilidad de disponer de hojalata

CUBA

25 de octubre
Un devastador huracán arrasa la isla de Cuba.

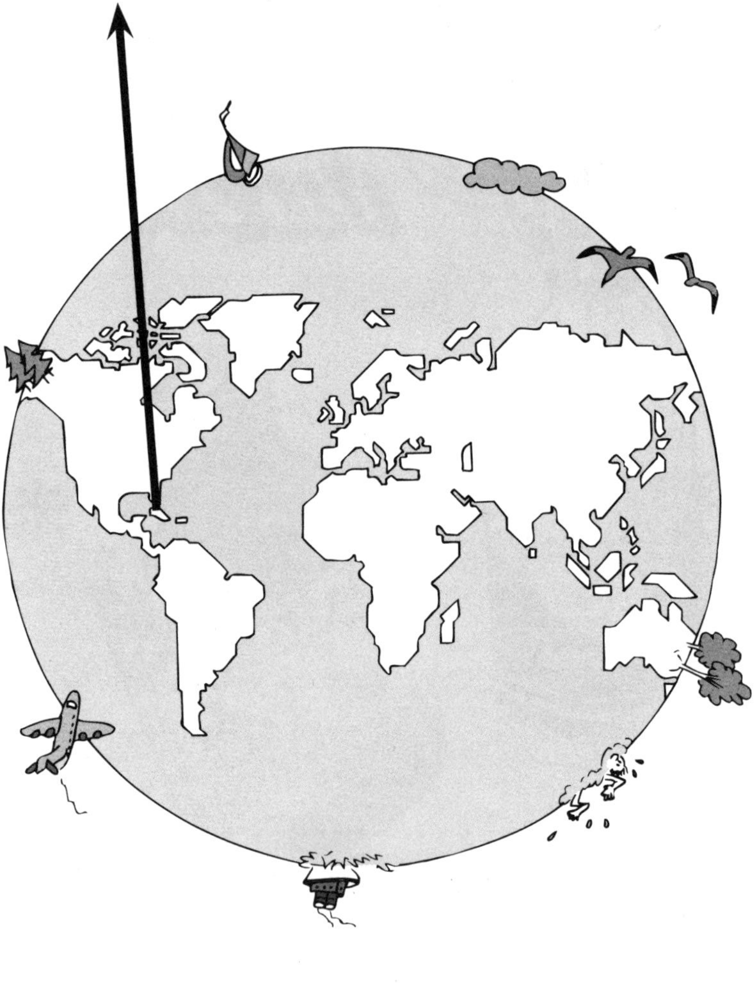